Jo-Jo 2

Sprachbuch

Arbeitsheft

Schulausgangsschrift

erarbeitet von Susanne Mansour, Sandra Meeh,
Henriette Naumann-Harms, Martin Wörner

Fachliche Beratung
zur Silbenstrategie, zum Verlängern,
zum Ableiten und zu Merkwörtern
Günter J. Renk

Cornelsen

Inhalt

Texte verfassen

Ordnen und nachschlagen

▪ 1 Verbinde die Buchstaben des ABC in der richtigen Reihenfolge.

2 Schreibe das ABC mit großen und mit kleinen Buchstaben auf.

A B C

a b c

3 Ordne die Nomen nach dem ABC. Male den ersten Buchstaben an.

Gras • Berg • ~~Ast~~ • Wurzel • Hecke • Tor

Ast,

4 Trage die fehlenden Buchstaben ein.

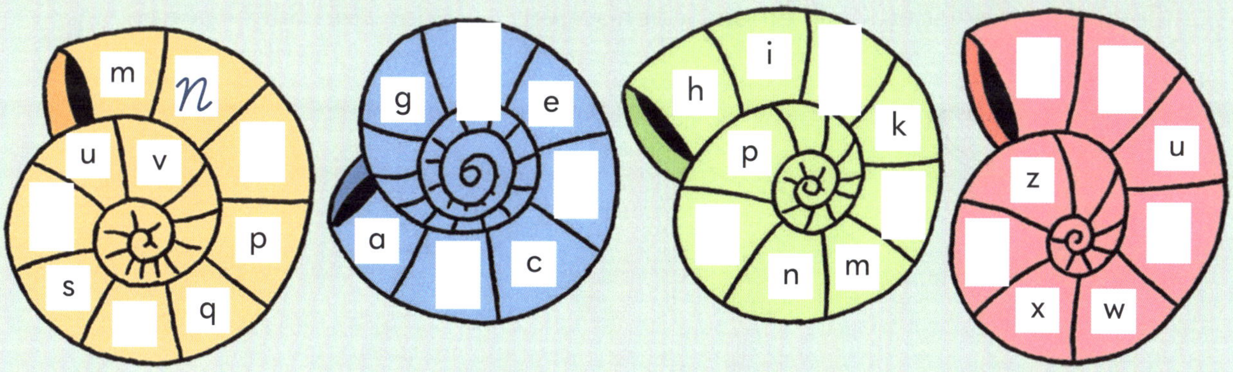

5 Ordne die Wörter. Achte auf den zweiten Buchstaben.
Male die ersten beiden Buchstaben an.

~~Ball~~ • Busch • Bein • bitten • bluten

Tee • ~~Tafel~~ • turnen • treffen • Tier

Ball,

Tafel,

6 Streiche die falsch eingeordneten Wörter durch. Schreibe die Reihe ohne sie auf.

Aufgabe ~~Raupe~~ Besen Schule Cent Zoo Dusche Wurst Erde

Aufgabe,

7 Schaue dir den letzten Buchstaben an. Finde die Tiernamen, die mit dem Folgebuchstaben im ABC beginnen. Kontrolliere mit einem Wörterbuch.

Tiger • ~~Frosch~~ • Maus • Esel • Spinne • Giraffe

Ameise – Frosch

Hund –

Luchs –

Amsel –

Bär –

Schaf –

Silben schwingen

1 Sprich und schwinge die Wörter.
Zeichne unter jedes Wort einen Silbenbogen ◡ oder zwei Silbenbögen ◡◡.

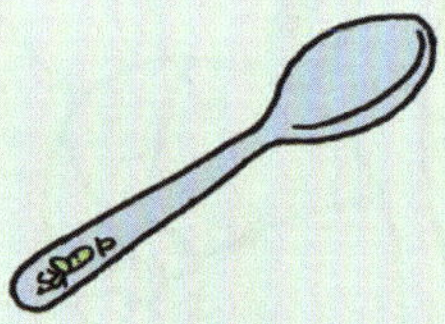
Löffel

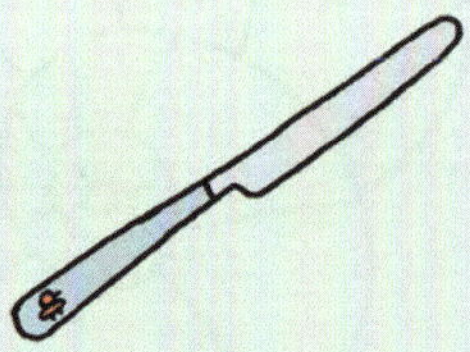
Messer

Teller

Glas

Dose

Gabel

Tisch

Tasse

2 Sprich und schwinge die Wörter.
Schreibe die Wörter unter die Bilder. Zeichne Silbenbögen.

Schüssel • ~~Topf~~ • Birne • Käse • Kirsche • Kuchen • Salz • Obst

Topf

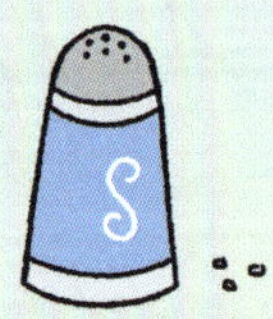

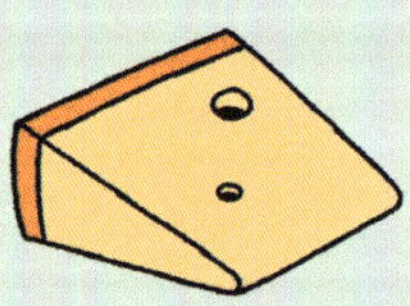

3 Schwinge die Wörter. Schreibe die Wörter unter die Bilder.
Zeichne Silbenbögen.

Lastwagen

4 Setze die Nomen aus den Silben zusammen.
Scheibe sie auf. Zeichne Silbenbögen.

~~To~~	E	Le	Kro	Gi	Ba
le	na	raf	ko	xi	~~ma~~
~~te~~	fe	fant	dil	kon	ne

Tomate

Selbstlaute (Silbenkönige) und Mitlaute

1 Sprich die Wörter. Zeichne Silbenbögen.
Male die Silbenkönige an.

Bach	Bank	Fisch	Tor

Brot	Heft	Tisch	Buch

2 Male im ABC alle Selbstlaute rot und alle Mitlaute blau an.

A B C D E F G H I J K L M N

O P Q R S T U V W X Y Z

3 Sprich die Wörter. Zeichne Silbenbögen.
Schreibe die Wörter auf. Male alle Silbenkönige an.

Lampe	Foto	Monat	Tante
Onkel	Name	Vater	Insel

Lampe,

4 Schreibe in jede Silbe den passenden Selbstlaut.

R*e* g n | S nn | T x | K rch | P ns l

5 Schreibe die Nomen mit beiden Selbstlauten auf. Male sie an.

B a/u ch — *Bach*

Sch u/a le

St i/e rn

H u/i mmel

6 Hier wurden alle Selbstlaute durch ein **u** ersetzt. Schreibe die Nomen mit den richtigen Selbstlauten auf.
Male die Selbstlaute an.

Ruck	Jucku	Hundtuschu
Muntul	Brullu	Wullsuckun
Schul	Kuppu	Rugunschurm

Rock,

Silbenkönige: Zwielaute

1 Male im Text die Zwielaute farbig an: au, ei, eu.
Auch Zwielaute sind Silbenkönige.

Die Maus Meike macht heute
eine kleine Reise zu einer Baustelle.
Ihre Freunde Zeus und Paul sind auch dabei.
Sie fahren mit dem blauen Auto hin.
Die drei schleichen sich leise
an die Baugrube heran. Paul geht voraus.
Sie staunen, wie groß hier alles ist.
Es ist auch sehr laut. Aber ein großer Zaun
versperrt ihnen den Weg. Die drei bleiben stehen.
Paul ruft: „Da vorne ist ein Loch im Zaun!"
Doch dann entdecken leider die Bauarbeiter
die Freunde. Schnell laufen sie weg.
Was für ein aufregender Tag!

2 Ordne die Wörter nach Zwielauten.

au: *Maus,*

ei: *Meike,*

eu: *heute,*

SB S. 86

3 Schreibe jedes Nomen mit dem richtigen Anfangsbuchstaben.
Male die Zwielaute an und zeichne Silbenbögen.

H / S eife	B / W aum	K / P ause	Z / D eit
Seife			
H / Fr eude	S / R auch	B / T ein	G / L eute

4 Schreibe die Wörter. Male die Zwielaute an.

Raupe

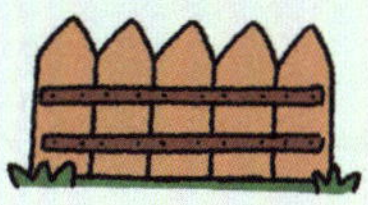

5 Wo hörst du Zwielaute? Schreibe die Wörter. Male die Zwielaute an.

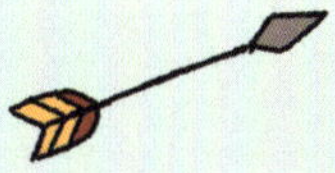
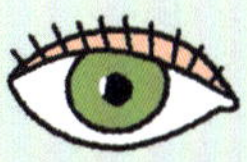

Schaukel,

Wörter mit ie

1 Schreibe unter jedes Bild das richtige Wort.
Male **ie** an. Zeichne Silbenbögen.

Zwiebel • ~~Wiese~~ • Biene • Fliege • Riese • Spiegel • Stiefel • Ziege

Wiese

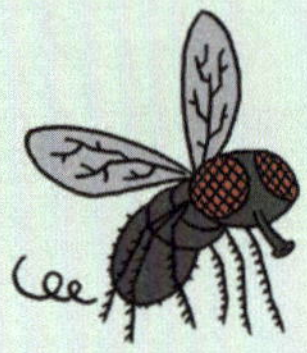

2 Setze die passenden Wörter mit **ie** ein.

vier • sie • wie • ~~hier~~ • viele • sieben

Das ist Lisas Haus. Sie wohnt hier mit ihrer Familie.

Eine Woche hat ______ Tage.

Zum Geburtstag bekommt Luisa ______ Geschenke.

Das freut ______ sehr.

Leo ist ______ Jahre alt. Aber er ist schon fast so groß ______ Ari.

SB S. 88

3 Setze **ie** ein. Verbinde die Wortpaare und schreibe sie auf.

Br ie fe — Br ie f

T iere — D b

D be — L d

L der — T r

Briefe – Brief,

4 Finde zu jedem Nomen das passende Verb mit **ie**.

~~Liege~~ • Spiel • Ziel • Sieb

liegen,

5 Kurz oder lang? Setze **i** oder **ie** richtig ein.

Sp i nnen krabbeln über die W ie se.

Alle K nder wollen beim Sp l gewinnen.

F sche l ben d cke Würmer.

Katzen l gen gern auf weichen K ssen.

Die l be Oma braucht eine Br lle.

6 Schreibe die Lückenwörter von Aufgabe 5 auf.

Spinnen,

Wörter mit doppelten Mitlauten

1 Trage die richtigen doppelten Mitlaute ein.

Qua ll e Schli ___ en Fü ___ er Ze ___ el So ___ e Bu ___ er

To ___ e Wa ___ e Bri ___ e Ra ___ e Spi ___ e We ___ e

2 Ordne die Wörter von Aufgabe 1 nach den doppelten Mitlauten.
Male die doppelten Mitlaute an.

ll: Qualle,

nn:

tt:

3 Bilde aus den Silben Reimwörter. Schreibe sie unter die passenden Nomen.

~~Mut~~	Klas	Ket	Tel	Ses	Pup	Kan	Mat
se	ler	~~ter~~	te	ne	te	pe	sel

Futter	Tasse	Suppe	Kessel
Mutter			

Wette	Keller	Tanne	Watte

SB S. 90

4 Würfle und trage die Würfelpunkte ein. Schreibe die Wörter.

⚀	dünne	⚀	Beine
⚁	helle	⚁	Sterne
⚂	sonnige	⚂	Tage
⚃	stumme	⚃	Fische
⚄	schnelle	⚄	Autos
⚅	satte	⚅	Schweine

⚂ ⚀ sonnige Beine

5 Schreibe die passenden Verben über die Silbenbögen.

kommen • füllen • ~~fallen~~ • lassen • wissen
rollen • kennen • stellen • summen

fal len
a e

i e

o e

u e

e e

ü e

o e

e e

a e

Wörter mit Sp/sp und St/st

1 Sprich die Wörter und ordne sie.
Male **Sp/sp** und **St/st** an.

~~Spinne~~ • spülen • stellen • Stufe • Stunde • Spaten • sparen • stören
stehen • spielen • Stempel • Spiegel • spüren • steigen • Stern • Sport

Spinne,

2 Lies den Zungenbrecher laut.
Schreibe ihn ab.
Male **Sp/sp** und **St/st** an.

Auf steilen Straßen stolpern
spitze Stiefel über spitze Steine.

Auf steilen

3 Unterstreiche das passende Verb.
Schreibe die Sätze ab. Male **sp** und **st** an.

Ein Specht spielt/spart Ping-Pong mit einem Hecht.
Eine Ziege stört/stellt sich an einer Fliege.
Ein Affe springt/spricht hinter eine Giraffe.
Ein Löwe staunt/streitet über eine Möwe.

Ein Specht spielt

4 Welches Nomen oder Verb mit **Sp/sp** oder **St/st** versteckt sich in den Wörtern? Schreibe die Nomen und Verben auf.

Ballsportart | Rückspiegel | Spülbecken | Sparschwein
Winterstiefel | Bleistift | Salzstange | Baustelle

Sport,

Schwierige Buchstabenverbindungen

1 Ordne die Wörter nach ihren Endungen.

~~Koffer~~ • Löffel • Rücken • Muschel • Himmel • Winter
Knochen • Zucker • Wagen • Engel • Tochter • Messer
Wurzel • Körper • Garten • Kissen • Stempel
Regen • Besen • Fenster • Gabel

Wörter mit -er	Wörter mit -el	Wörter mit -en
Koffer		

2 Finde zu jedem Verb zwei passende Reimwörter.
Verwende die Anfangsbuchstaben in den Feldern.

~~br~~ kl tr br bl tr

kennen	singen	winken
brennen		

3 Sprich die Sätze deutlich. Setze den fehlenden Buchstaben ein. Schreibe den Text ab. Male den eingesetzten Buchstaben an.

Meine Schwester tu r nt seh ___ ge ___ ne.

Ben le ___ nt fü ___ seinen Test.

Papa a ___ beitet im Ga ___ ten.

Mama wa ___ tet vo ___ de ___ Tü ___ .

Ich we ___ fe den Ball ins To ___ .

Meine Schwester turnt

4 Schreibe das Gegenteil. Sprich die Wörter deutlich. Male **r** an.

trüb – klar   leicht – ___   weich – ___

weiß – ___   kalt – ___   reich – ___

5 Schreibe die Wörter zu den Bildern.

Kirsche

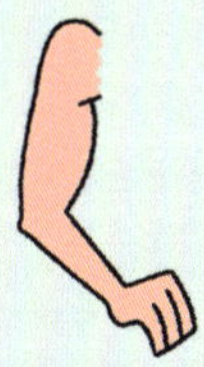
___

___

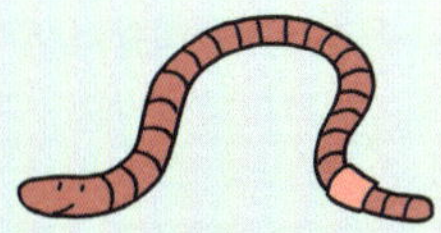
___

Ableiten: Wörter mit ä und äu ⓘ

1 Male verwandte Wörter in der gleichen Farbe an.
Verwende für jedes Wortpaar eine andere Farbe.

Nächte	Gäste	Männer	Säfte	Mäntel
Mann	Saft	Nacht	Mantel	Gast

2 Schreibe die Wortpaare von Aufgabe 1 auf.
Male **ä** und **a** an.

Nächte – Nacht,

3 Finde zu allen Wörtern mit **äu** ein verwandtes Wort mit **au**.
Schreibe die Wortpaare auf. Male **äu** und **au** an.

~~Mäuse~~	Bäuche	Häuser	Zäune	Fäuste
Räume	Träume	Kräuter	Bäume	

Mäuse – Maus

4 Verbinde die passenden Wortpaare.
Schreibe sie auf. Male **ä/a** und **äu/au** an.

Räuber	Wäsche	Verkäufer	Läufer	Päckchen
waschen	packen	rauben	laufen	verkaufen

Räuber – rauben,

5 Welche Wörter musst du ableiten? Unterstreiche.
Schreibe die Wörter mit ihren Ableitungen auf.

Die Klasse 2b macht heute eine Lesenacht. Alle haben ihre Schlafsäcke und ihr Lieblingsbuch dabei. Gemeinsam räumen die Kinder die Tische zur Seite. Nach dem Abendessen dürfen sie lesen oder spielen. Langsam werden alle müde. Es wird ruhig im Gebäude. Auch Samira schläft bald ein. Am nächsten Morgen gibt es frische Brötchen vom Bäcker. Alle holen sich Teller und Gläser aus der Schulküche und frühstücken gemeinsam.

Schlafsäcke – Schlafsack,

Verlängern: Wörter mit b, d und g

1 Zähle. Schreibe die Zahl mit dem Nomen auf.
Male **b**, **d** und **g** in den Wörtern an.

Korb –	12 Körbe	Kind –	
Hund –		Pferd –	
Zwerg –		Berg –	
Dieb –		Kleid –	

2 Schreibe zu jedem Wort die Verlängerung. Male **b**, **d** und **g** an.

Tag –	Tage	Freund –	
Weg –		Lied –	
Sieb –		Feld –	

3 Verlängere die Wörter. Schreibe die Wortpaare auf. Male **b**, **d** und **g** an.

~~Land~~ • Hand • Rad • Zug • Mond • Stab

Land – Länder,

4 Bilde Wortgruppen.

der die das	klug rund lieb fremd	Kind Freund Mond Land

das kluge

5 Löse die Rätsel. Überprüfe mit einem Wörterbuch.

Es fließt durch deinen Körper.

Ein wertvoller Ring aus ...

Ein anderes Wort für unsere Erde.

Damit kannst du Burgen bauen.

Wenn etwas lange dauert, brauchst du ...

Nach dem Sommer kommt der ...

B	l	u	t		

Merkwörter mit V/v Ⓜ

1 Schreibe zu jedem Bild das passende Wort. Male **V** an.

~~Vater~~ • Vulkan • Vase • Vogel

Vater

2 Setze **viel** oder **viele** ein.

Ich habe viele Freunde. Zusammen haben wir ______ Spaß.

Oft spielen wir Fußball. Da schießt Kim immer ______ Tore.

Sie spielt ______ besser als ich.

3 Passt **vor** oder **von** besser?
Unterstreiche richtig. Schreibe die Sätze.

Die Zuschauer jubeln vor/von Freude.
Mara erzählt vor/von ihrer Katze.
Papa macht ein Foto vor/von uns.
Esra wartet vor/von der Tür auf mich.

Die Zuschauer jubeln vor Freude.

4 Unterstreiche im Text die Wörter mit **V/v**.
Schreibe sie auf.

An Karneval darf sich jeder in der Schule verkleiden.
Ich gehe als Vampir und mein Freund Flo als Arzt.
Er ruft: „Komm, ich lege dir einen Verband an!“
„Später vielleicht“, antworte ich. Meine vier anderen
Freunde stehen weiter vorne. Ich schleiche mich
vorsichtig von hinten an. Dann schreie ich laut.
Alle zucken zusammen. Mattis ärgert sich kurz.
Doch schnell vertragen wir uns wieder.

Karneval,

5 Löse die Rätsel. Überprüfe mit der Wörterliste oder einem Wörterbuch.

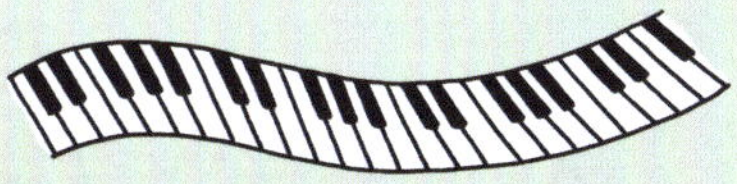

ein Instrument mit Tasten — K l a v i e r

eine Zahl

nicht hinter, sondern ...

nicht leer, sondern ...

gehorsam, artig

6 Schreibe einen Satz mit möglichst vielen Merkwörtern mit **V/v**.

Nomen

1 Kreuze alle Nomen an, die du auf dem Bild siehst.

- [x] Spitzer
- [ ] Brot
- [ ] Apfel
- [ ] Schere
- [ ] Brille
- [ ] Glas
- [ ] Bleistift
- [ ] Kreide
- [ ] Schultasche
- [ ] Magnete
- [ ] Trinkflasche
- [ ] Heft
- [ ] Brotdose
- [ ] Stundenplan
- [ ] Radiergummi
- [ ] Banane
- [ ] Tafel
- [ ] Messer

2 Schreibe die angekreuzten Nomen auf.
Male alle großen Anfangsbuchstaben an.

Spitzer,

3 In jedem Drachen stecken drei Nomen. Schreibe sie auf.
Male alle großen Anfangsbuchstaben an.

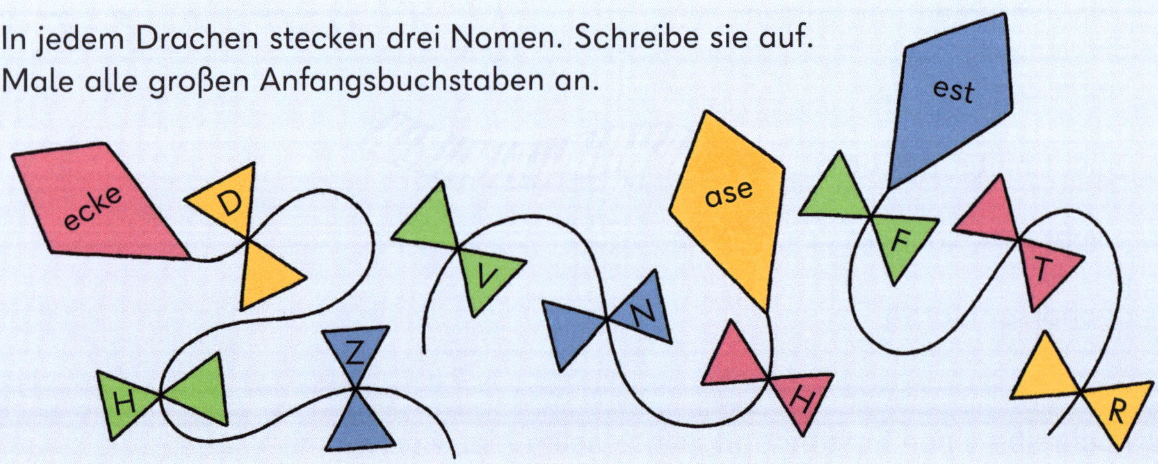

Decke,

4 Ordne die Nomen. Schreibe sie auf.

~~Tante~~ Mutter Hase Käfig Katze Baum
Blume Vater Pferd Gras Junge Moos Kiste
Maus Zaun Ente Opa Busch Stein Korb

Menschen	Tiere	Pflanzen	Dinge
Tante			

5 In jeder Zeile sind drei Nomen versteckt.
Unterstreiche sie.

<u>TEE</u> MERKEN SCHLECHT KEKS TORTE
BÄR SCHLANGE HOLEN BIENE NEU
BREIT BLUME BAUM GEBEN STRAUCH
TANTE FAHREN ENKEL RATEN ONKEL

6 Schreibe die Nomen von Aufgabe 5 richtig auf.

Tee,

Artikel

1 Male alle Dinge an, zu denen der Artikel **ein** passt.

• Korb

• Birne

• Drache

• Kugel

• Igel

• Buch

• Fahrrad

• Tasse

• Traube

• Apfel

• Haus

• Auto

2 Ordne alle Nomen von Aufgabe 1 nach ihren Artikeln.

• der	• die	• das
Korb		

3 In jeder Zeile hat ein Nomen einen anderen Artikel als die anderen.
Streiche die unpassenden Nomen durch.

Blatt Jahr ~~Regen~~ Gras

Erde Kerze Suppe Keller

Teller Wurst Herbst Tisch

4 Schreibe nur die Nomen mit dem gleichen Artikel auf.

das Blatt,

5 Schreibe vor jedes Nomen den unbestimmten Artikel **ein** oder **eine**.

ein Teller	___ Gabel	___ Löffel
___ Messer	___ Decke	___ Glas
___ Tasse	___ Becher	___ Dose

6 In jedem Satz steht ein Artikel vor einem Nomen.
Unterstreiche den Artikel und das Nomen.

Oma hat <u>die</u> <u>Familie</u> eingeladen.
Um 15 Uhr beginnt die Feier.
Hund Bruno begrüßt die Gäste.
Der Kuchen schmeckt allen sehr gut.
Opa holt die Kamera.
Alle lächeln für das Foto.
Dann packt Oma das Geschenk aus.
Tinka, die Katze, schaut neugierig zu.

7 Passt der bestimmte oder der unbestimmte Artikel besser?
Setze die passenden Artikel ein.

Hanna hat ein neues Computerspiel bekommen.

Ihre Freundinnen finden ___ Computerspiel toll.

Tim sucht ___ Geschenk.

___ Geschenk soll für seine Schwester sein.

Marie braucht ___ neue Jacke.

Sie nimmt ___ Jacke mit den roten Streifen.

Einzahl und Mehrzahl

1 In dem Gitterrätsel sind **zehn** Tiernamen versteckt. Kreise sie ein.

A	R	O	B	B	E	K	S	V	B
V	C	F	G	U	L	Ö	W	E	M
A	G	I	R	A	F	F	E	J	W
Y	K	R	O	K	O	D	I	L	N
A	F	F	E	N	Z	E	B	R	A
L	B	Ä	R	Z	V	O	G	E	L
B	Y	X	N	A	S	H	O	R	N
E	L	E	F	A	N	T	S	E	O

2 Schreibe die Tiernamen von Aufgabe 1 mit ihrem Artikel in die Tabelle. Schreibe die Mehrzahl dazu.

Einzahl	Mehrzahl
die Robbe	*die Robben*

3 Setze die Nomen in der Mehrzahl ein:

Bücher • ~~Sterne~~ • Hefte • Schwestern • Äpfel • Vögel • Flugzeuge • Birnen

Am Nachthimmel sehe ich den Mond und die Sterne.

Im Ranzen habe ich ________ und ________.

Auf dem Rollfeld stehen große ________.

Im Vogelnest sitzen mehrere junge ________.

Zuhause habe ich einen Bruder und zwei ________.

In meinen Obstsalat schneide ich ________ und ________.

4 Schreibe die Nomen von Aufgabe 3 in der Einzahl mit Artikeln auf.

der Stern,

5 Rechne und ergänze die Sätze.

1 Haus hat 1 Dach. 4 Häuser haben 4 Dächer.

1 Auto hat 4 Räder. 3

1 Hand hat 5 Finger. 3

1 Käfer hat 6 Beine. 2

Zusammengesetzte Nomen

1 Bilde aus den Puzzleteilen zusammengesetzte Nomen. Schreibe sie auf.

Sommer · Märchen · Topf · Bett · Wasser · Suppen · Wetter · Kanne · Puppen · Kaffee · Ball · Buch

Sommerwetter,

2 Trenne die zusammengesetzten Nomen durch einen Strich.
Schreibe beide Nomen mit Artikeln auf.

das Sofa|kissen — das Sofa, das Kissen

der Fußball

das Vogelfutter

der Tierpark

3 Finde **vier** sinnvolle zusammengesetzte Nomen. Schreibe sie auf.

Berg — Spitze, Hand, Hütte

Tier — Heim, Futter, Papier

Bergspitze

Achtung, zwei Nomen passen nicht!

SB S. 108

4 Jedes Bildpaar ergibt ein zusammengesetztes Nomen.
Schreibe es mit Artikel auf.

das  + das  das Schlossgespenst

der  + das 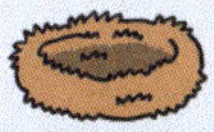

der 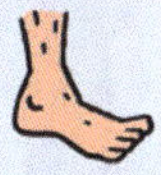 + der 

das  + die 

5 Bilde zusammengesetzte Nomen. Schreibe sie mit dem Artikel auf.

~~Tier~~ • Winter • Sport • Zahn • Würfel • Zwiebel
Tasche • Spiel • Wurzel • Schale • Jacke • ~~Arzt~~

der Tierarzt,

6 Erkläre die zusammengesetzten Nomen.

~~Hamsterkäfig~~ • Kuchenform • Futternapf

Ein Hamsterkäfig ist ein Käfig für

Verben

1 Schreibe die Verben unter die passenden Bilder:

schlafen • graben • gähnen • rufen • malen • baden

schlafen | ________ | ________

________ | ________ | ________

2 Setze die Verben in die Sätze ein:

springt • schwimmt • tanzt • jagt • knabbert

Das Pferd springt über ein Hindernis.

Die Katze ________ eine Maus.

Der Hund ________ auf zwei Beinen.

Der Hase ________ eine Möhre.

Die Ente ________ im Teich.

SB S. 110

3 Schreibe die passenden Verbformen auf. Male die Endungen an:

~~fragen~~ • fliegen • malen

ich	lern**e**	frage		
du	lern**st**			
er sie es	lern**t**			
wir	lern**en**			
ihr	lern**t**			
sie	lern**en**			

4 Unterstreiche in jedem Satz das Verb.

Ein Polizeihund verfolgt Spuren.
Ein Schlittenhund zieht Schlitten mit Menschen und Sachen.
Ein Blindenhund führt einen blinden Menschen.
Ein Lawinenhund sucht Menschen im Schnee.
Ein Hirtenhund hütet die Schafe.
Ein Wachhund bewacht das Haus.

5 Schreibe die Verben von Aufgabe 4 so auf:

verfolgt – verfolgen,

Adjektive

1 Schreibe zu jedem Bild zwei passende Adjektive.

saftig • bequem • ~~flüssig~~ • teuer • süß • hoch
heiß • gelb • rund • spitz • schnell • bunt

flüssig

2 Finde die Gegensätze und schreibe sie in die passenden Zeilen.

~~heiß~~ • hoch • viel • schnell • salzig

langsam • kalt • wenig • niedrig • süß

heiß

3 Ordne jedem Bild ein Adjektiv zu.
Schreibe den Satz. Unterstreiche das Adjektiv.

bequem • kalt • hart • leicht • ~~schnell~~

  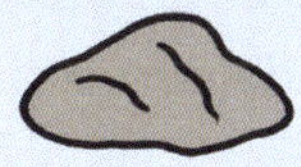  

Das Auto ist schnell.

4 Was fehlt in dem Bild? Zeichne es ein.
Unterstreiche in den Sätzen die Adjektive.

Bunte Blumen blühen
hinter dem roten Zaun.

Auf der grünen Wiese
stehen graue Schafe.

Am blauen Himmel sind
dunkle Wolken zu sehen.

Der Mann trägt einen
kleinen Hut und
einen schicken Anzug.

Das schiefe Haus hat
ein kleines Fenster.

Wortstamm und Wortfamilie

1 Unterstreiche alle Wörter mit dem Wortstamm **Spiel/spiel**.

Am Spielenachmittag darf immer ein anderes Kind das Spiel aussuchen. Farwa möchte ein Würfelspiel spielen. Die Kinder lesen sich die Spielregeln durch. Sechs Spieler können auf dem Spielfeld mitspielen. Wer eine Vier würfelt, muss den anderen etwas vorspielen. Simon ist als Erster dran. Prompt würfelt er eine Vier. Zum Glück erraten die Mitspieler den Begriff sofort.

2 Bilde Wörter mit dem Wortstamm **Steck/steck.** Unterstreiche den Wortstamm.

Steck – er / dose / nadel / brief

an / weg / ver / ein – steck – en

Stecker,

3 Kennzeichne jede Wortfamilie mit der gleichen Farbe.
Unterstreiche die Wortstämme **Kauf/kauf** und **Lauf/lauf**.

Laufschuhe · Kaufhaus · weglaufen · Läufer · einkaufen

Einkaufswagen · Auslauf · Verkauf · verlaufen · Einkaufstasche

SB S. 114

4 In jeder Zeile passt ein Wort nicht in die Wortfamilie. Streiche es durch.

Fangarm Fänger Gefängnis ~~festhalten~~ einfangen

anrufen Anrufbeantworter Anruf Telefon zurückrufen

Maler malen Pinsel Gemälde Bemalung Malkasten

5 Setze passende Wörter mit dem Wortstamm **Back/back** ein.

backen • Backform • Backofen • Backrezept • ~~gebacken~~ • Backbuch

Oma und Tim haben schon oft leckere Kuchen gebacken.

Heute möchten sie ein neues ______ ausprobieren.

Sie blättern in Omas altem ______. Tim möchte gern

einen Schokokuchen ______. Sobald der Teig fertig ist,

füllt ihn Tim in eine ______. Nach 30 Minuten holt

Oma den fertigen Kuchen aus dem ______.

6 Finde Wörter mit den Wortstämmen **Bau/bau** und **Bad/bad**.
Unterstreiche die Wortstämme.

Bau/bau	**Bad/bad**

Wörterspiele

1 Lies laut. Unterstreiche in jedem Satz die Reimwörter.

Ein Fisch, so frisch, liegt unterm Tisch.
Mit ihren Nasen machen Hasen Seifenblasen.
In der Ecke kriecht die Schnecke auf die Decke.
In der Wiege liegt die Ziege mit der Fliege.
Im Sturm sitzt ein Wurm auf dem Turm.
Heute trägt sogar der Wal einen Schal aus dem Regal.

2 Entziffere die geheime Botschaft.

A	B	C	D	E	F	G	H	I	J	K	L	M
1	2	3	4	5	6	7	8	9	10	11	12	13

N	O	P	Q	R	S	T	U	V	W	X	Y	Z
14	15	16	17	18	19	20	21	22	23	24	25	26

11	15	13	13	5
K	O			

8	5	21	20	5

21	13

22	9	5	18

26	21

13	9	18

5	19

9	19	20

7	5	8	5	9	13

19	1	7	5

5	19

11	5	9	14	5	13

3 Schreibe verschlüsselte Botschaften an deine Freunde.

4 In jedem Rahmen haben immer drei Wörter den gleichen Anfangsbuchstaben. Entscheide dich für einen Anfangsbuchstaben und bilde mit diesen Wörtern einen Satz.

kauft Hanna	backen Sina	Kekse Mia	Fliegen Lisa
Husten Kim	Brote stundenlang	kaufen mag	lacht Frösche
Kuchen hat	spielt Bäcker	Muscheln Kinder	fangen laut

Kim kauft Kuchen.

5 Lies die Wörter richtig und möglichst schnell vor.

Gartenkinder Hausbaum Buchbilder Zeugspiel Wehrfeuer
Zaungarten Wurmohr Schüsselsalat Hausschnecken Ballfuß

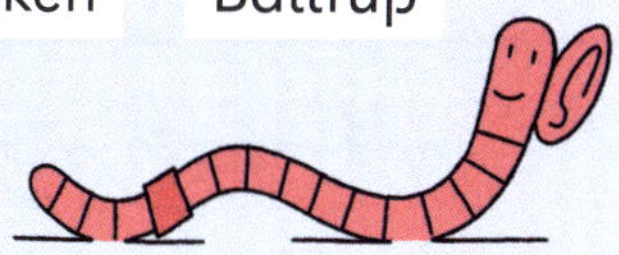

6 Schreibe die Nomen richtig und mit Artikeln auf.

der Kindergarten,

Wortbausteine

1 Bilde mit den Wortbausteinen neue Verben. Schreibe sie auf.

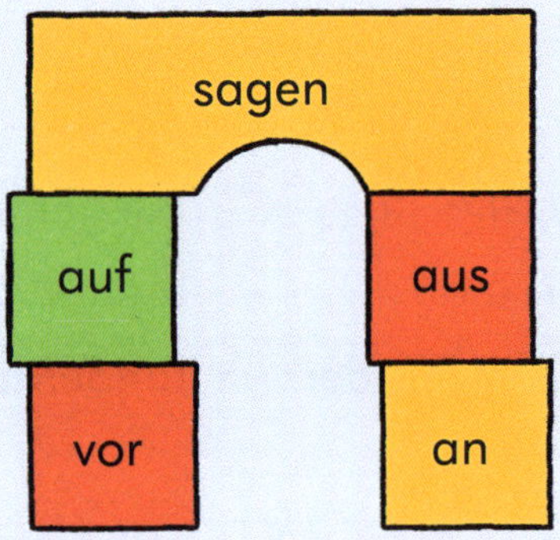

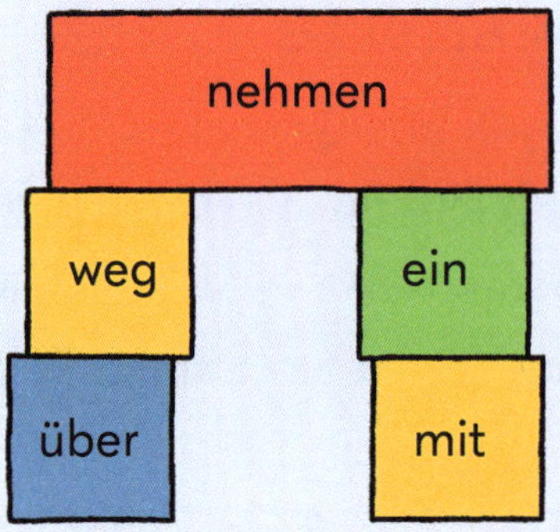

aufsagen,

2 Würfele zu jedem Verb mindestens 4 mal. Kein Wortbaustein darf gleich sein.

ab · mit · nach · auf · aus · vor

schreiben	geben
abschreiben	

SB S. 118

3 Setze die passenden Wortbausteine ein.
Schreibe die Sätze auf.

Lisa will das Geschenk *ein* packen.

Jan muss sein Pausenbrot ______ packen.

Papa möchte den Einkauf ______ packen.

Lisa will das Geschenk

4 Schreibe möglichst viele Verben mit dem Wortbaustein **ab** auf.

abfahren,

Aussagesätze und Fragesätze

1 Verbinde die passenden Satzteile.

Die Clowns	zeigt	Einrad.
Kleine Ziegen	spielen	seinen Zylinder.
Akrobaten	springen	durch Reifen.
Der Zauberer	hüpft	Harmonika.
Ein Hase	klatschen	begeistert.
Alle Kinder	fahren	heraus.

2 Wähle vier Sätze und schreibe sie auf.

Die Clowns spielen Harmonika.

3 Verbinde passende Fragen und Antworten. Ergänze die Satzzeichen.

Was ist ein altes Zauberwort ?	Ein großer Zauberer heißt Merlin
Womit zaubern viele Zauberer	Jeder kann Zaubertricks lernen
Wie heißt ein großer Zauberer	Sie zaubern mit einen Zauberstab
Wer kann Zaubertricks lernen	Abrakadabra ist ein altes Zauberwort .

4 Finde die passenden Fragewörter und schreibe die Sätze.

Jan und Samira
arbeiten gut zusammen.

... arbeitet gut zusammen?

Wer

Die Klasse 2a leiht sich
Bücher aus.

... leiht sich die Klasse 2a aus?

Ben hat sein Heft
in der Schule vergessen.

... hat Ben sein Heft vergessen?

Simon isst gerne grüne Äpfel.

... Äpfel isst Simon gerne?

5 Ein neuer Schüler ist in die Klasse gekommen.
Überlege dir passende Fragen zu seinen Antworten. Schreibe sie auf.

Wie

Alexander, aber alle sagen Lexi zu mir.

Ja, eine Schwester, sie ist in der 4a.

Ich bin 7 Jahre alt.

Ja, am liebsten Detektivgeschichten.

Satzarten und Satzschlusszeichen

1 Robo macht alles falsch. Gib ihm neue Befehle. Schreibe die Sätze auf.

Robo soll
- die Blumen in die Vase stellen
- den Tee in die Tasse gießen
- die Eierschalen in den Müll werfen
- das Geschirr ins Regal stellen
- das Küchenfenster putzen

Stelle die Blumen
in die Vase!

Gieße

Wirf

Räume

Putze

2 Sprich die Sätze von Aufgabe 1 in freundlichem Ton und ohne Nachdruck.

SB S. 122

3 Sprich Satz für Satz. Trage die fehlenden Satzschlusszeichen ein.

Papa wartet an der Tür . Florian ist ganz aufgeregt

Sie gehen heute ins Fußballstadion

Wo ist nur sein Fußballschal

Gestern hat er ihn doch noch angehabt

Er möchte ihn so gerne ins Stadion mitnehmen

Wer könnte ihn nur weggeräumt haben

Zu blöd, dass er ihn nicht früher gesucht hat

So ein Mist Nun muss er wohl ohne ihn gehen

Papa ruft: „Komm endlich, wir verpassen den Anpfiff “

Er klingt jetzt richtig ungeduldig Florian rennt los

4 Schreibe zu jedem Bild einen Aussagesatz,
einen Fragesatz und einen Aufforderungssatz.

Kleine Texte schreiben

1 Kreuze das richtige Bild zum Rätsel an.

Es hat eine Tür und drei Fenster.
Eine Familie wohnt darin.
Das Dach ist rot.
Davor ist ein Garten.
Auf der Wiese stehen zwei Bäume.

2 Schreibe einen Rätseltext zu einem der anderen Bilder.
Die Stichworte helfen dir.

Fahne – Brunnen – Türme

blau – krummer Schornstein – Blumenwiese

Es hat eine Tür und

SB S. 124

3 Kreuze die Stichworte an, die zum Trampolin passen.

- X Sportgerät
- ☐ damit hupen
- ☐ ist rund
- ☐ steht auf Ständern
- ☐ hat ein Lenkrad
- ☐ Auspuff hinten
- ☐ ist eckig und rot lackiert
- ☐ hat ein Sprungtuch
- ☐ Fahrzeug
- ☐ darauf hüpfen
- ☐ fährt auf Rädern
- ☐ Netz außen herum

4 Beschreibe das Trampolin. Die angekreuzten Stichworte helfen dir.

Das Trampolin ist ein Sportgerät.

5 Beschreibe den Kuchen auf dem Bild.

Kastenform | gelb | schmeckt nach... | Zuckerguss | ist verziert mit...

Der Kuchen hat

Geschichten planen

1 Schau dir die Bilder an. Nummeriere die Stichworte in der richtigen Reihenfolge.

☐ stürmischer Morgen	1 Felix – Junge – coole Mütze
☐ durch den Park – Schule	☐ Wind bläst – Mütze auf Baum

2 Schreibe die Sätze in der richtigen Reihenfolge auf.

Felix ist ein kleiner Junge mit einer coolen Mütze.
Plötzlich bläst der Wind seine Mütze auf einen Baum.
Er ist an einem stürmischen Morgen unterwegs.
Durch den Park läuft er zur Schule.

So ein Pech!

Felix

SB S. 126

3 Ordne die Stichworte den Bildern zu.

~~Anna~~ – Latzhose – Mädchen – Eis fällt – Sand – heißer Tag – Schaukel – kauft Eis – Spielplatz

Anna

4 Schreibe mit den Stichworten von Aufgabe 3 eine kurze Geschichte.

Anna

Geschichten entwickeln

1 Das sind Ayleen und ihr kleiner Bruder Mika.
Überlege dir einen Anfang für eine Geschichte.
Wähle dazu drei passende Stichworte aus und male sie an.

Ayleen und Mika ...

sitzen	nachmittags	im Garten.
liegen	an einem heißen Tag	auf dem Spielplatz.
spielen	nach der Schule	auf der Wiese im Freibad.

2 Wähle aus, was passiert. Male die passenden Kärtchen an.

Plötzlich ziehen dunkle Gewitterwolken auf.

Mika klettert auf das Klettergerüst.

Er rutscht aus und fällt in den Sand.

Der Wind bläst wild.

„Aua!“, schreit er und hält sich den Arm.

Dicke Tropfen prasseln vom Himmel.

3 Wähle aus, was danach passiert.
Male passende Stichworte für deine Geschichte an.

rennen zur Umkleide | Sanitäter kommen | Krankenhaus

nach Gewitter ins Wasser | stellen sich unter | Ayleen holt Hilfe

SB S. 128

4 Schreibe die Geschichte auf. Überlege dir eine passende Überschrift.

5 Überprüfe deine Geschichte und unterstreiche in verschiedenen Farben:

Wer kommt in der Geschichte vor?

Wann spielt die Geschichte?

Wo spielt die Geschichte?

Was geschieht?

Was passiert Überraschendes?

Wie klärt sich alles?

Bildergeschichten aufschreiben

1 Schreibe neben jedes Bild den passenden Satz.

Er fliegt immer höher, genau auf die Schaukel zu.

Ida rennt mit der Fernbedienung hinterher.

Der Hubschrauber landet sicher und Ida liegt im Planschbecken. Wie blöd!

Ida lässt ihren neuen Hubschrauber im Garten fliegen.

Ida lässt

2 Ergänze die Stichworte zu den Bildern.

Tim, Computer,

3 Schreibe die Geschichte von Aufgabe 2 auf.

Was passiert zwischen den Bildern?

Das spannende Computerspiel

Texte überarbeiten

1 Streiche die Satzanfänge durch.
Ersetze sie durch den passenden Satzanfang.

Schnell | Auf einmal | Plötzlich | Traurig

Das Mädchen spielt im Hof mit einem neuen Ball.

Auf ~~Dann~~ rollt der Ball zum Hoftor hinaus.

Dann läuft das Mädchen hinterher.

Dann kommt ein Hund und beißt in den Ball.

Dann ruft das Mädchen: „Der schöne, neue Ball!“

2 Schreibe die Geschichte von Aufgabe 1 mit den neuen Satzanfängen auf.
Überlege dir einen Namen für das Mädchen und eine passende Überschrift.

spielt im Hof mit einem

SB S. 132

3 Prüfe Satzanfänge, Nomen und Satzzeichen.
Finde die **sieben** Fehler und male sie an.

wenn ich spiele, stört mich manchmal der hund von nebenan
Gerne beißt er in meinen wunderschönen ball.
gestern ist der neue Ball dabei mit einem lauten knall zerplatzt

4 Schreibe den Text ohne Fehler ab.

Wenn ich spiele,

5 Ersetze das Verb **essen** durch passende Verben.

schmatzen schlecken kauen probieren verspeisen

Hurra, ein Picknick. Wir ______ von allen Speisen ein bisschen.

„Nicht so laut ______!“, ruft Mama.

Wir ______ alles bis auf den letzten Krümel.

Zum Schluss ______ wir noch ein leckeres Eis.

Den Zahnputz-Kaugummi müssen wir ganz schön lange ______.

Informationen sammeln

1 Lies den Text über Eichhörnchen.
Unterstreiche zu jeder Frage die passende Antwort.

Eichhörnchen

Eichhörnchen leben im Wald oder im Park. Sie werden etwa 25 cm groß. Mit ihren langen Krallen können sie geschickt auf Bäume klettern. Oft springen sie auch von Ast zu Ast. Den buschigen Schwanz benutzen Eichhörnchen dabei als Steuer. Er ist fast so lang, wie der ganze Körper. Im Herbst sammeln Eichhörnchen Vorräte für den Winter. Aber sie fressen nicht nur Nüsse, Samen und Früchte. Sie rauben manchmal auch Eier aus Vogelnestern.

1. Wo leben Eichhörnchen?
2. Wie groß werden sie?
3. Wie benutzen Eichhörnchen den buschigen Schwanz?
4. Was sammeln sie im Herbst?
5. Was rauben sie aus Vogelnestern?

2 Ergänze die Antworten auf die Fragen.

1. Eichhörnchen leben im Wald oder im Park.
2. Sie werden etwa ______
3. Den buschigen Schwanz benutzen Eichhörnchen ______

4. Im Herbst sammeln sie ______
5. Manchmal rauben sie aus Vogelnestern ______

SB S. 134

3 Überlege dir Fragen zu den markierten Informationen.

Die Dinosaurier lebten vor Millionen Jahren. Manche hatten Hörner, Panzer, messerscharfe Krallen, und große Zähne. Einige bewegten sich auf vier Beinen, andere liefen auf zwei Beinen. Als Dinosaurier wurden nur die Landsaurier bezeichnet. Es gab aber noch Flugsaurier und Meeressaurier. Viele Dinosaurier waren Pflanzenfresser, die sich von Blättern, Zweigen und Gras ernährten. Einige waren aber auch Fleischfresser und Jäger. Vor etwa 65 Millionen Jahren starben sie plötzlich aus. Unser Wissen über die Dinosaurier verdanken wir ihren versteinerten Knochen, Zähnen und Fußspuren. Diese Überreste nennt man Fossilien.

Was...? | Welche...? | Was...? | Wann...?

Was hatten

4 Überlege dir weitere Fragen zum Text.
Unterstreiche, wo du die Antworten dazu findest.

Wann lebten

Texte vortragen

1 Lies den Anfang der Geschichte. Übe, ihn vorzutragen.
Mache bei jedem Strich eine kleine Pause.
Betone die unterstrichenen Wörter.

In der Achterbahn

In der Stadt | gibt es einen großen Jahrmarkt. |
Es gibt viele Stände mit Süßigkeiten. |
Aber auch eine Geisterbahn und ein Kettenkarussell. |
Beim Autoscooter ist besonders viel los. |
Doch Karla und Elias wollen heute
mit der großen Achterbahn fahren! |

2 Lies den Text mehrmals.
Trage für die Pausen Striche ein.
Unterstreiche in jedem Satz ein oder zwei Wörter, die du betonen willst.

Sie steigen ein. | Dann sind alle Wagen besetzt. |
Langsam setzen sie sich in Bewegung.
Und es geht hoch hinaus!
Dann saust die Bahn wieder steil hinab.
Sie rast um eine Kurve und fährt auf den Looping zu.
Plötzlich wird sie langsamer und bleibt
mitten im Looping stehen. Alle hängen fest in ihrem Sitz.
Oh Schreck! Manche rufen. Elias bekommt große Angst.
Aber Karla bleibt ruhig. Sie sagt:
„Es geht bestimmt gleich weiter!" Und so ist es auch.
Die Bahn setzt sich wieder in Bewegung.
Alle die es wollen, dürfen noch einmal
kostenlos fahren. Karla fährt sofort mit.
Elias schaut lieber zu. Dieses Mal saust
die Bahn ohne Probleme durch den Looping.
Karla strahlt!

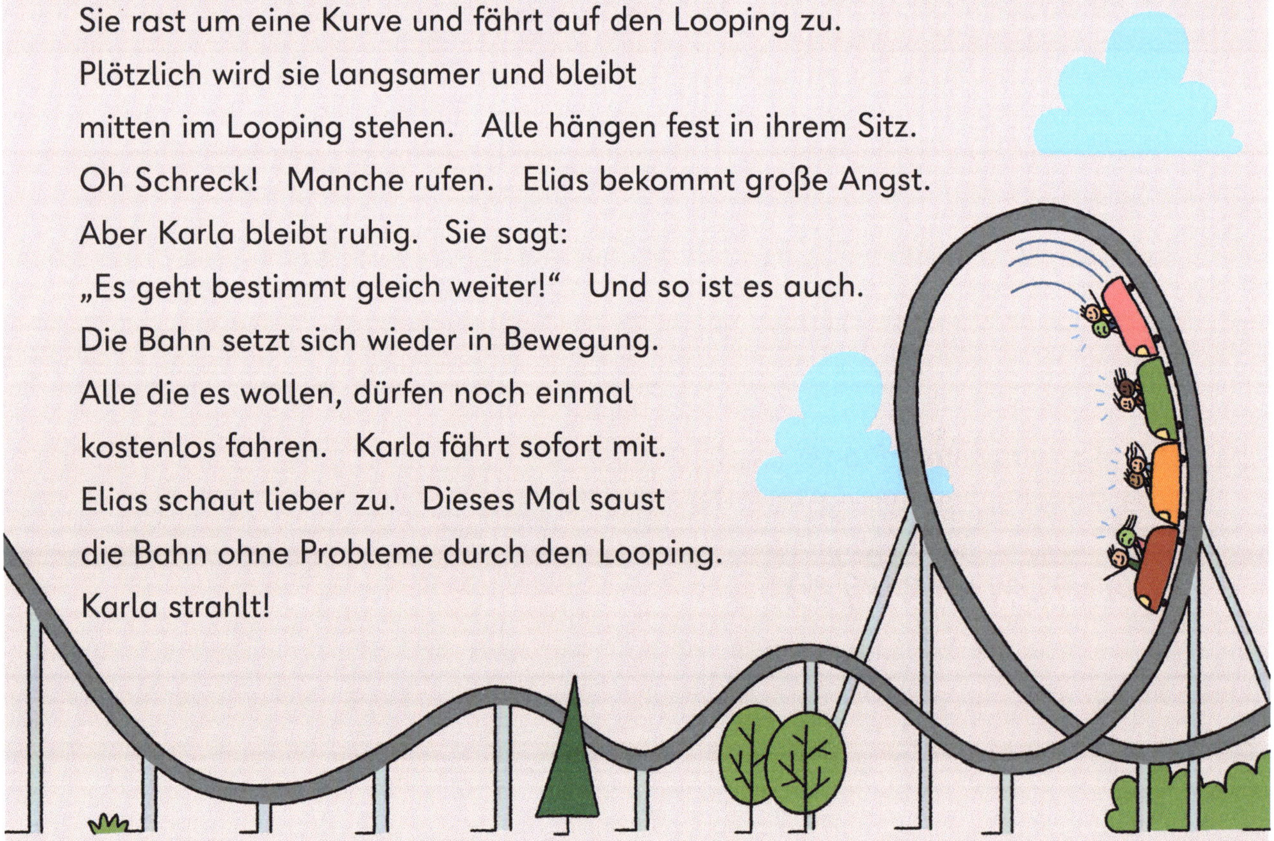

SB S. 136

3 Karla und Elias erzählen zu Hause von ihrem Abenteuer.
Ordne die Sätze zu. Unterstreiche Wörter, die du betonen willst.

Ich hatte solche Angst!

Mit dieser Bahn fahre ich nie wieder!

Ich fand es lustig, mit dem Kopf nach unten zu hängen.

Ich bin nochmal mitgefahren!

Ich hatte solche Angst.

4 Lies die Fragen. Betone immer das unterstrichene Wort.
Ordne die Antworten zu.
Welches Wort musst du in der Antwort betonen? Unterstreiche es.

Hattest du große Angst?

Hattest du große Angst?

Gehen wir morgen auf den Jahrmarkt?

Gehen wir morgen auf den Jahrmarkt?

Nein, ich hatte nur ein bisschen Angst.

Nein, Elias hatte große Angst.

Nein, du darfst mit Opa gehen.

Nein, wir können erst am Samstag.

Einladungen

1 Zwei Sätze passen nicht zu einer Geburtstagseinladung. Streiche sie durch.

Liebe Anna,
ich lade dich zum Ritterfest ein! Wir spielen Ritterspiele
und kämpfen mit einem Drachen. Komm bitte passend verkleidet.
Ich mache immer meine Hausaufgaben. Das Fest findet
auf meiner Burg statt. Die Adresse ist Kirchweg 9. Im Wald
stehen viele Bäume. Beginn: 3. August, 14.00 Uhr.
Ende: 18.00 Uhr.
Dein Linus

2 Schreibe die Einladung richtig auf.

Liebe Anna,

3 Denke dir eine Feier aus. Ergänze die Einladung.

Einladung zu

Anrede

Liebe

Einladung wozu

ich lade dich

Ort

Die Adresse ist:

Datum, Beginn

Ende

Grüße

4 Was darf man bei einer Einladung nicht vergessen? Kreuze an.

- [x] Anrede
- [ ] Uhrzeit
- [ ] Datum
- [ ] Frisur
- [ ] Tagebuch
- [ ] Anlass
- [ ] Schultasche
- [ ] Adresse
- [ ] Gruß

Steckbriefe und Diagramme

1 Bei jedem abgebildeten Kind fehlt etwas aus dem Steckbrief.
Vergleiche genau. Ergänze auf den Bildern, was fehlt.

Name:	Tim
Haare:	blond, kurz
Augenfarbe:	blau
Merkmal:	Brille
Lieblingskleidung:	kurze Hosen
Eigenschaft:	hilfsbereit
Hobby:	Bücher

Name:	Paula
Haare:	schwarze Zöpfe
Augenfarbe:	braun
Merkmal:	Sommersprossen
Lieblingskleidung:	gestreifte T-Shirts
Eigenschaft:	fröhlich
Hobby:	Waveboard

2 Ergänze den Steckbrief.

Name:	Hakan
Haare:	
Augenfarbe:	
Merkmal:	
Lieblings-kleidung:	
Eigenschaft:	
Hobby:	

SB S. 140

3 Male eine Person. Schreibe den passenden Steckbrief.

Name:

Haare:

Augenfarbe:

Merkmal:

Lieblings-
kleidung:

Eigenschaft:

Hobby:

4 Zeichne ein Diagramm: Ein Kind = ein Kästchen.

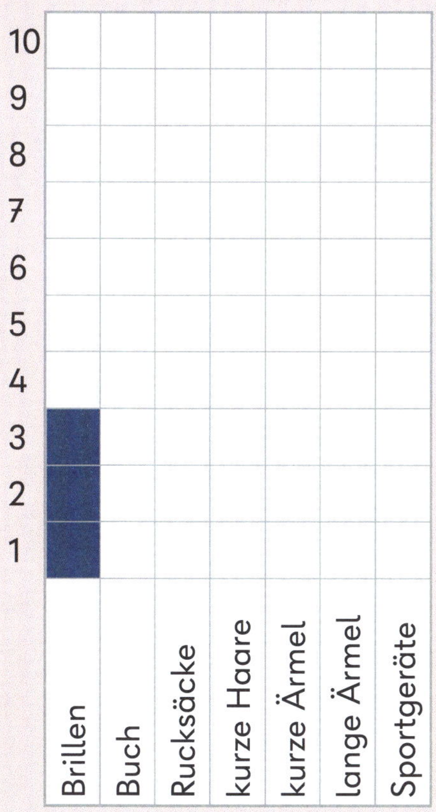

Bastelanleitungen

1 Ordne die Bastelanleitung für Papierhände.

Drücke danach die Handfläche fest auf ein weißes Papier.

Bestreiche deine Hand zuerst mit Fingerfarbe.

Schreibe zuletzt den Namen auf die Hand.

Du brauchst: Stift, Fingerfarbe, Papier, Schere.

Schneide dann die Hand aus.

Händeabdruck

Händeabdruck

Du brauchst: Pinsel,

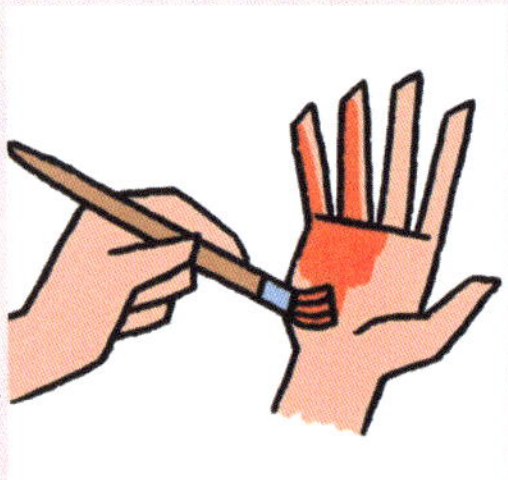

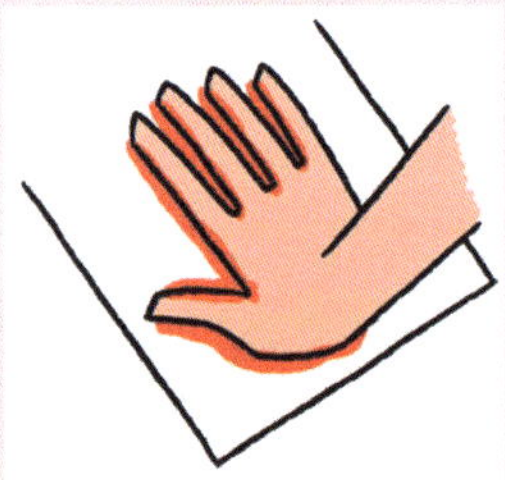

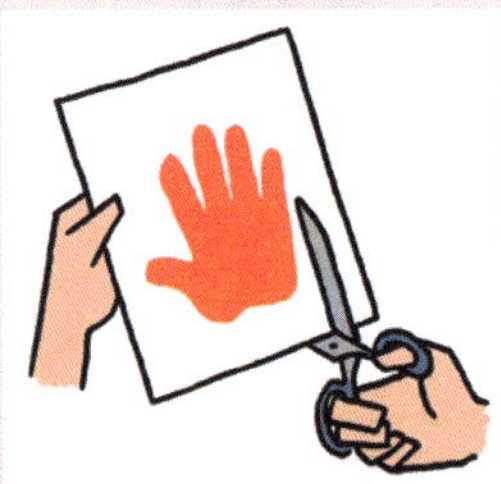

2 Schreibe einen passenden Schlusssatz.

Du kannst deine Hand ....

Hängt die Hände ....

....

3 Schreibe mit den Stichworten eine Anleitung für das Schmetterlingsbild.

Papier, Wasserfarbe, Pinsel

Blatt noch einmal falten, darüberstreichen

Farbkleckse in eine Blatthälfte malen

Blatt falten, wieder aufklappen

Schmetterlinge erscheinen beim Aufklappen.

Schmetterlingsbild

Du brauchst:

Rezepte

1 Nummeriere die Rezeptschritte in der richtigen Reihenfolge.
Schreibe danach das Rezept in ganzen Sätzen auf.

	Äpfel schälen, raspeln und sofort in die Soße geben
	auch Möhren schälen, raspeln und zu der Soße geben
	alles gut umrühren
1	Zutaten: 2 Möhren, 2 Äpfel, 1 Teelöffel Zitronensaft, 1 Esslöffel Öl, 1 Esslöffel Wasser, 1 Teelöffel Zucker
	aus Zitronensaft, Wasser, Zucker und Öl eine Soße anrühren

Apfel-Möhren-Salat

Zutaten:

Rühre zuerst

Schäle danach

Schäle anschließend

Rühre zum

SB S. 144

2 Leckerer Eistee!
Schreibe die Rezeptschritte auf.

Zutaten: 1 Liter Wasser, 3 Beutel Früchtetee, Saft von einer Zitrone, 1 Esslöffel Zucker

3 Oh lecker, Banane-Himbeer-Milch! Schreibe das Rezept auf.

250 g gefrorene Himbeeren

etwas Zitronensaft

eine Banane

500 ml Kuhmilch oder Pflanzenmilch

Gedichte schreiben

1 Wähle eine Jahreszeit für ein Wortgedicht.
Schreibe die Buchstaben der Jahreszeit untereinander in die Kästchen.

H E R B S T

W I N T E R

2 Schreibe in jede Zeile ein Wort, das mit dem Buchstaben im Kästchen beginnt.
Es soll zur Jahreszeit passen.

September | Trauben | Ernte | Blätter

Eiszapfen | Haselnüsse | Rauch | Regen

Weihnachten | Iglu | Nikolaus | Tannenbaum

SB S. 146

3 Setze die Zeilen des Frühlingsgedichtes ein.

dass es in den Ohren klingt.

macht ein schwarzes Männchen Krach.

Es ist wieder Frühlingszeit!

Auf dem Haus, auf dem Dach

macht ein schwarzes

Flötet, zwitschert, jubelt, singt,

Reißt den Schnabel auf und schreit:

Heinz Brand

4 Ergänze die Reime des Sommergedichts.

Den Sommer find ich wunderbar,

ins Freibad will ich, das ist klar !

Ich werde in der Sonne schwitzen,

danach mit kühlem Wasser ________ ,

neue Sprünge vom Sprungbrett proben,

mit Freunden durchs Becken ________ ,

von der hohen Rutsche rutschen,

genüsslich Eis am Stiel dann ________ .

Ins Freibad will ich, das ist klar,

den Sommer find ich ________ !

Botschaften schreiben und entschlüsseln

1 Schreibe das ABC auf der äußeren Scheibe fertig.

2 Entziffere die Wörter und schreibe sie auf.

AVALURVWM — Totenkopf

ZJOHAGRHYAL

HBNLURSHWWL

OVSGILPU

NVSKZJOHAG

RSHIHBALYTHUU

3 Setze die Anfangsbuchstaben zusammen. Schreibe die Wörter.

Pirat

4 Wie heißt die Botschaft?

	P	I	R	A	T
P	A	B	C	D	E
I	F	G	H	I/J	K
R	L	M	N	O	P
A	Q	R	S	T	U
T	V	W	X	Y	Z

PP = A
PI = B
PR = C
PA = D
PT = E
und so weiter ...

PA	PT	AI
D	E	R

AR	PR	IR	PP	AA	TT

IA	AR	AA

PP	AT	IP

PA	PT	RI

RI	PT	PT	AI	PT	AR	II	AI	AT	RR

1. Jo-Jo-Seite

1 Schreibe unter jedes Bild das passende Nomen. — Punkte 8

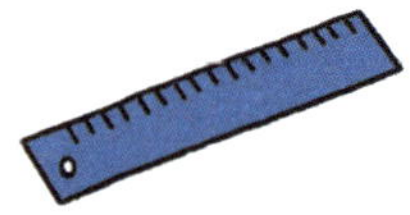

2 Ordne die Nomen aus Aufgabe 1 nach dem ABC.
Ordne zuerst Zeile 1, danach Zeile 2. — Punkte 8

3 Ergänze die **bestimmten** Artikel. — Punkte 9

___ Brot	___ Koffer	___ Kind
___ Bett	___ Klasse	___ Hund
___ Name	___ Garten	___ Katze

4 Unterstreiche die Nomen in diesen Farben:
Menschen, Tiere, Pflanzen, Dinge. — Punkte 12

Auto • Katze • Mutter • Blume • Hund • Mann
Kürbis • Fahrrad • Igel • Apfel • Bus • Kind

zu den Sprachbuchkapiteln 1–3:
Großschreibung von Nomen; Nomen nach dem ABC ordnen;
bestimmte Artikel zuordnen; Nomen nach Kategorien ordnen

2. Jo-Jo-Seite

1 Setze die fehlenden Selbstlaute (Silbenkönige) ein.

Punkte 10 |

H f K nd B nk H ft M nd

St rn T sch Br t H nd H nd

2 Schreibe die Nomen mit dem **bestimmten** Artikel auf.

Punkte 10 |

3 Setze die Mitlaute am Wortanfang ein.
Schreibe die Nomen mit dem **unbestimmten** Artikel auf.

Punkte 5 |

latt

eller

atze

aus

aus

4 Schwinge die Wörter. Zeichne Silbenbögen.

Punkte 6 |

Buch Puppe

Schiff Blume

Würfel Haus

3. Jo-Jo-Seite

1 Ordne jedem Bild ein passendes Verb zu.

Punkte 6

schreiben
spielen
schlafen
arbeiten
schlecken
lesen

2 Setze die Verben aus Aufgabe 1 in der richtigen Form ein.

Punkte 6

Opa ______ im Garten.

Lisa ______ einen Brief.

Das Baby ______ ruhig im Wagen.

Sven ______ ein spannendes Buch.

Tom und Sabrina ______ Ball.

Ayshe ______ ein großes Eis.

3 Finde in jeder Zeile das Verb und unterstreiche es.

Punkte 3

OPA	EIS	BLUME	ESSEN	BRIEF	STUHL
BABY	LESEN	GARTEN	BALL	ZEITUNG	
BUCH	TISCH	WAGEN	GLAS	SCHLAFEN	

zu den Sprachbuchkapiteln 1–3:
Verben zuordnen; Veränderung von Verben im Satz;
Verben und Nomen unterscheiden

4. Jo-Jo-Seite

1 Finde heraus, wo die Sätze enden.
Setze nach jedem Satzende einen Punkt.

Punkte 4

heute Nacht hat es endlich geschneit die Kinder freuen sich auf die erste Schlittenfahrt sie wollen auch einen Schneemann bauen er soll eine Mohrrübe als Nase bekommen

2 Schreibe den Text ab.
Denke daran, worauf du achten musst.

Punkte 8

3 Lies die Sätze laut.
Setze nach jedem Satz das passende Satzschlusszeichen.

Punkte 6

Ich habe meine Brotdose vergessen

Holst du mich zum Fußballspielen ab

Ich bezahle das Eis von meinem Taschengeld

Ich bin müde

Kannst du mir mal helfen

Gehst du gern zum Klavierunterricht

. ?

. ?

. ?

5. Jo-Jo-Seite

1 Zerlege die zusammengesetzten Nomen. Schreibe sie mit Artikeln auf:

Punkte 10

die Holzleiter = das Holz, die ...

Holzleiter • Spielplatz • Astgabel • Waldrand • Haustür

2 Immer zwei Nomen gehören zusammen.
Schreibe die zusammengesetzten Nomen mit dem Artikel auf.

Punkte 4

Baum | Apfel | Schnee | Segel
Ball | Schiff | Haus | Kuchen

3 Male in jedem Wort den Zwielaut an:
au = blau, ei = gelb, eu = rot.

Punkte 16

Baum Schwein Feuer Haus zeigen
laut Teufel Pause heiß schreiben kaufen
Freude Maus leise Weihnachten fein

zu den Sprachbuchkapiteln 4–6:
zusammengesetzte Nomen trennen;
zusammengesetzte Nomen bilden; Zwielaute erkennen

6. Jo-Jo-Seite

1 Schreibe zu jedem Nomen die Mehrzahl.

Punkte
8

das Buch –

der Kopf –

die Hand –

das Haus –

der Garten –

die Puppe –

das Schiff –

das Spiel –

2 Schreibe die verwandten Wörter mit **a** und **au**.

Punkte
8

Kämme –

Bänke –

Gäste –

Äpfel –

Räume –

Zäune –

Mäuse –

Bäume –

3 Finde alle Wörter mit **ie**. Male **ie** an.

Punkte
10

Es ist wieder Frühling.

Die Sonne scheint und es ist warm.

Hummeln fliegen zu den ersten Blüten.

Auf der großen Wiese im Park spielen Kinder.

Ein Mann im Liegestuhl liest Zeitung.

Die alte Frau auf der Bank sieht den Kindern zu.

Alle genießen den Frühling.

7. Jo-Jo-Seite

1 Setze **Sp/sp** oder **St/st** richtig ein. Punkte 10

das ___iel ___ringen die ___adt ___ehen der ___ein

___ät der ___ort ___ecken ___itz der ___ern

2 Welche Wortbausteine passen zu **suchen**? Punkte 5
Schreibe die neuen Verben auf:

be an über aus ein ver durch ob unter

suchen

____

____

3 Setze das Verb **suchen** mit den passenden Wortbausteinen ein. Punkte 5

Papa will sein Glück beim Lotto ___________.

Der Detektiv wird den Diebstahl ___________.

Am Sonntag werde ich meine Tante ___________.

Ich darf mir im Buchladen ein Buch ___________.

Die Polizei will die Wohnung ___________.

zu den Sprachbuchkapiteln 7–9:
Sp/sp und St/st einsetzen; mit Wortbausteinen neue Verben bilden und in Sätzen verwenden

8. Jo-Jo-Seite

1 Suche alle Wörter mit **v**. Male **v** an.

Punkte 8

Es ist ein kalter Tag im November. Max und Vera spielen Verstecken. Max versteckt sich hinter einem langen Vorhang. Plötzlich kracht es. Max schaut vorsichtig nach. Der dicke Kater Valentin hat die schöne Vase umgestoßen!

2 Lies den Text von Aufgabe 1. Beantworte die Fragen in kurzen Sätzen.

Punkte 4

Wie ist der Tag?

Wie ist der Vorhang?

Wie ist der Kater?

Wie ist die Vase?

3 Verbinde die Gegensatzpaare.

Punkte 8

dünn warm fröhlich

langsam leer

jung klein

weit schnell

groß alt

voll nah

kalt dick traurig

4 Schreibe die Gegensatzpaare von Aufgabe 3 auf.

Punkte 8

9. Jo-Jo-Seite

Punkte 20

1 Unterstreiche die Wortstämme **Spiel/spiel**, **Ess/ess**, **Lauf/lauf** in unterschiedlichen Farben: Spiel/spiel, Ess/ess, Lauf/lauf.

Spielerin	laufend	essbar	Spielplatz	Esstisch
verlaufen	Würfelspiel	Laufband	Spielzeug	gegessen
Esser	spielerisch	Esslöffel	Läufer	Mittagessen
Ballspiel	Essecke	auslaufen	vorspielen	Wettlauf

Punkte 20

2 Schreibe die Wörter von Aufgabe 1 nach Wortfamilien geordnet auf.

spielen:

essen:

laufen:

Punkte 5

3 Schreibe die Nomen zu den Bildern auf. Male die Endung an.

zu den Sprachbuchkapiteln 10–12:
Wortstamm identifizieren, Wörter nach Wortfamilien ordnen;
Schwierige Buchstabenverbindungen: Endungen -er, -el, -en

10. Jo-Jo-Seite

1 Lies die Sätze in den Sprechblasen laut.
Setze nach jedem Satz das richtige Satzzeichen.

Punkte
6 |

Wer will zuerst erzählen

Hört mal alle zu

Ich war gestern im Zoo

Hast du die Robben gesehen

Ich habe ein Bild mitgebracht

Zeig mal her

2 Ordne die Sätze von Aufgabe 1 den richtigen Satzarten zu.

Punkte
6 |

Aussagesätze:

Fragesätze:

Ausrufesätze:

11. Jo-Jo-Seite

1 Verlängere die Wörter. Schreibe die Wortpaare.

Punkte 6 |

Hand • Dieb • Berg • Freund • Korb • Tag

2 Setze die passenden doppelten Mitlaute ein.

Punkte 12 |

nn pp ss tt

Mu ___ er	Rü ___ el	Ka ___ e
Se ___ el	Bu ___ er	Schü ___ el
Tre ___ e	Su ___ e	We ___ er
Li ___ e	Ki ___ en	So ___ e

3 Schreibe die Wörter von Aufgabe 2 nach doppelten Mitlauten geordnet auf.

Punkte 12 |

tt:

ss:

nn:

pp:

zu den Sprachbuchkapiteln 10–12:
Wörter mit Auslautverhärtung verlängern und Wortpaare aufschreiben;
doppelte Mitlaute einsetzen und Wörter danach ordnen

12. Jo-Jo-Seite

1 Lies den Text aufmerksam.
Kreuze bei jeder Frage die richtige Antwort an.

Punkte 3

Paul sitzt traurig auf dem Bett.
Er streichelt seine braune Katze Minka.
Vater trägt den großen, blauen Koffer zum Auto.
Pauls Schwester Lisa packt Brote in einen Korb.
„Nun schau nicht so traurig, Paul“, tröstet ihn Mama.
„Minka ist doch gut versorgt.“ Und Lisa meint:
„Außerdem brauchen Katzen keinen Urlaub.“
Alle steigen in das große, rote Auto und fahren los.
Nach einer Weile raschelt es im Kofferraum.
Vater bremst und alle drehen sich erstaunt um.
Da sehen sie Minka im Kofferraum herumklettern.
Paul freut sich: „Katzen brauchen doch Urlaub.“

Wie heißt Pauls Katze?	Wer ist Lisa?	Wo taucht Minka am Ende der Geschichte auf?
Lisa	Pauls Mutter	im Garten
Minka	Pauls Schwester	Im Esskorb
Hasso	Pauls Cousine	Im Kofferraum

2 Lies genau im Text nach.
Male in den richtigen Farben an.

Punkte 3

zu allen Sprachbuchkapiteln:
sinnerfassendes Lesen; Fragen zu einem Text beantworten;
Bilder nach Textinformationen ausmalen

Kontrollblätter zu den Jo-Jo Seiten

1. Jo-Jo-Seite

1 Schreibe unter jedes Bild das passende Nomen. Punkte 8

Heft | Buch | Lineal | Tisch

Tafel | Eis | Apfel | Puppe

2 Ordne die Nomen aus Aufgabe 1 nach dem ABC.
Ordne zuerst Zeile 1, danach Zeile 2. Punkte 8

Buch, Heft, Lineal, Tisch

Apfel, Eis, Puppe, Tafel

3 Ergänze die **bestimmten** Artikel. Punkte 9

das Brot	der Koffer	das Kind
das Bett	die Klasse	der Hund
der Name	der Garten	die Katze

4 Unterstreiche die Nomen in diesen Farben:
Menschen, Tiere, Pflanzen, Dinge. Punkte 12

Auto • Katze • Mutter • Blume • Hund • Mann
Kürbis • Fahrrad • Igel • Apfel • Bus • Kind

zu den Sprachbuchkapiteln 1–3:
Großschreibung von Nomen; Nomen nach dem ABC ordnen;
bestimmte Artikel zuordnen; Nomen nach Kategorien ordnen

2. Jo-Jo-Seite

1 Setze die fehlenden Selbstlaute (Silbenkönige) ein. Punkte 10

H o f · K i nd · B a nk · H e ft · M u nd
St e rn · T i sch · Br o t · H a nd · H u nd

2 Schreibe die Nomen mit dem **bestimmten** Artikel auf. Punkte 10

der Hof, das Kind, die Bank, das
Heft, der Mund, der Stern, der Tisch,
das Brot, die Hand, der Hund

3 Setze die Mitlaute am Wortanfang ein.
Schreibe die Nomen mit dem **unbestimmten** Artikel auf. Punkte 5

B latt · T eller · K atze · H aus · M aus

ein Blatt, ein Teller, eine Katze,
ein Haus, eine Maus

4 Schwinge die Wörter. Zeichne Silbenbögen. Punkte 6

Buch · Puppe
Schiff · Blume
Würfel · Haus

zu den Sprachbuchkapiteln 1–3:
Selbstlaute und Mitlaute ergänzen; Nomen mit bestimmten
und unbestimmten Artikel aufschreiben; Silben schwingen

3. Jo-Jo-Seite

1 Ordne jedem Bild ein passendes Verb zu. Punkte 6

arbeiten | lesen | schreiben

schlafen | spielen | schlecken

schreiben
spielen
schlafen
arbeiten
schlecken
lesen

2 Setze die Verben aus Aufgabe 1 in der richtigen Form ein. Punkte 6

Opa arbeitet im Garten.
Lisa schreibt einen Brief.
Das Baby schläft ruhig im Wagen.
Sven liest ein spannendes Buch.
Tom und Sabrina spielen Ball.
Ayshe schleckt ein großes Eis.

3 Finde in jeder Zeile das Verb und unterstreiche es. Punkte 3

OPA	EIS	BLUME	ESSEN	BRIEF	STUHL
BABY	LESEN	GARTEN	BALL	ZEITUNG	
BUCH	TISCH	WAGEN	GLAS	SCHLAFEN	

zu den Sprachbuchkapiteln 1–3:
Verben zuordnen; Veränderung von Verben im Satz;
Verben und Nomen unterscheiden

4. Jo-Jo-Seite

1 Finde heraus, wo die Sätze enden.
Setze nach jedem Satzende einen Punkt. Punkte 4

heute Nacht hat es endlich geschneit. die Kinder freuen sich auf die erste Schlittenfahrt. sie wollen auch einen Schneemann bauen. er soll eine Mohrrübe als Nase bekommen.

2 Schreibe den Text ab.
Denke daran, worauf du achten musst. Punkte 8

Heute Nacht hat es endlich
geschneit. Die Kinder freuen sich
auf die erste Schlittenfahrt.
Sie wollen auch einen Schneemann
bauen. Er soll eine Mohrrübe
als Nase bekommen.

3 Lies die Sätze laut.
Setze nach jedem Satz das passende Satzschlusszeichen. Punkte 6

Ich habe meine Brotdose vergessen .
Holst du mich zum Fußballspielen ab ?
Ich bezahle das Eis von meinem Taschengeld .
Ich bin müde .
Kannst du mir mal helfen ?
Gehst du gern zum Klavierunterricht ?

. ?
. ?
. ?

zu den Sprachbuchkapiteln 4–6:
Satzgrenzen erkennen; Großschreibung am Satzanfang;
Frage- und Aussagesatz unterscheiden

Kontrollblätter zu den Jo-Jo Seiten

5. Jo-Jo-Seite

1 Zerlege die zusammengesetzten Nomen. Schreibe sie mit Artikeln auf: Punkte 10
die Holzleiter = das Holz, die ...

Holzleiter • Spielplatz • Astgabel • Waldrand • Haustür

die Holzleiter = das Holz, die Leiter
der Spielplatz = das Spiel, der Platz
die Astgabel = der Ast, die Gabel
der Waldrand = der Wald, der Rand
die Haustür = das Haus, die Tür

2 Immer zwei Nomen gehören zusammen. Punkte 4
Schreibe die zusammengesetzten Nomen mit dem Artikel auf.

Baum Apfel Schnee Segel
Ball Schiff Haus Kuchen

das Baumhaus, der Apfelkuchen,
der Schneeball, das Segelschiff

3 Male in jedem Wort den Zwielaut an: Punkte 16
au = blau, **ei** = gelb, **eu** = rot.

Baum Schwein Feuer Haus zeigen
laut Teufel Pause heiß schreiben kaufen
Freude Maus leise Weihnachten fein

zu den Sprachbuchkapiteln 4–6:
zusammengesetzte Nomen trennen;
zusammengesetzte Nomen bilden; Zwielaute erkennen

6. Jo-Jo-Seite

1 Schreibe zu jedem Nomen die Mehrzahl. Punkte 8

das Buch – *die Bücher* der Kopf – *die Köpfe*
die Hand – *die Hände* das Haus – *die Häuser*
der Garten – *die Gärten* die Puppe – *die Puppen*
das Schiff – *die Schiffe* das Spiel – *die Spiele*

2 Schreibe die verwandten Wörter mit **a** und **au**. Punkte 8

Kämme – *Kamm* Räume – *Raum*
Bänke – *Bank* Zäune – *Zaun*
Gäste – *Gast* Mäuse – *Maus*
Äpfel – *Apfel* Bäume – *Baum*

3 Finde alle Wörter mit **ie**. Male **ie** an. Punkte 10

Es ist wieder Frühling.
Die Sonne scheint und es ist warm.
Hummeln fliegen zu den ersten Blüten.
Auf der großen Wiese im Park spielen Kinder.
Ein Mann im Liegestuhl liest Zeitung.
Die alte Frau auf der Bank sieht den Kindern zu.
Alle genießen den Frühling.

zu den Sprachbuchkapiteln 4–6:
Mehrzahlformen bilden; verwandte Wörter
mit a und au suchen; Wörter mit ie identifizieren

7. Jo-Jo-Seite

1 Setze **Sp/sp** oder **St/st** richtig ein. Punkte 10

das *Sp* iel *sp* ringen die *St* adt *st* ehen der *St* ein
sp ät der *Sp* ort *st* ecken *sp* itz der *St* ern

2 Welche Wortbausteine passen zu **suchen**? Punkte 5
Schreibe die neuen Verben auf:

be an über aus ein ver durch ob unter
suchen

besuchen, aussuchen, versuchen,
durchsuchen, untersuchen

3 Setze das Verb **suchen** mit den passenden Wortbausteinen ein. Punkte 5

Papa will sein Glück beim Lotto *versuchen*.

Der Detektiv wird den Diebstahl *untersuchen*.

Am Sonntag werde ich meine Tante *besuchen*.

Ich darf mir im Buchladen ein Buch *aussuchen*.

Die Polizei will die Wohnung *durchsuchen*.

zu den Sprachbuchkapiteln 7–9:
Sp/sp und St/st einsetzen; mit Wortbausteinen
neue Verben bilden und in Sätzen verwenden

8. Jo-Jo-Seite

1 Suche alle Wörter mit **v**. Male **v** an. Punkte 8

Es ist ein kalter Tag im November. Max und Vera spielen Verstecken. Max versteckt sich hinter einem langen Vorhang. Plötzlich kracht es. Max schaut vorsichtig nach. Der dicke Kater Valentin hat die schöne Vase umgestoßen!

2 Lies den Text von Aufgabe 1. Beantworte die Fragen in kurzen Sätzen. Punkte 4

Wie ist der Tag? *Der Tag ist kalt.*
Wie ist der Vorhang? *Der Vorhang ist lang.*
Wie ist der Kater? *Der Kater ist dick.*
Wie ist die Vase? *Die Vase ist schön.*

3 Verbinde die Gegensatzpaare. Punkte 8

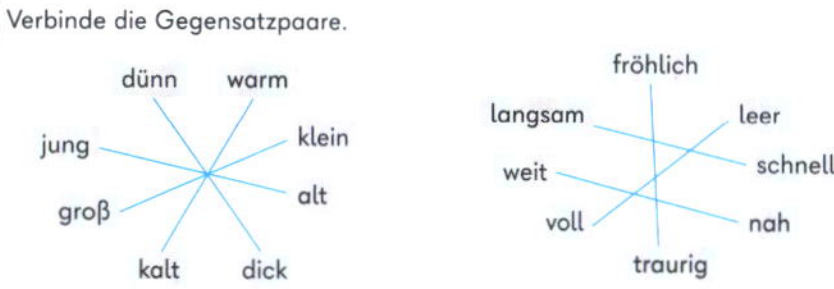

4 Schreibe die Gegensatzpaare von Aufgabe 3 auf. Punkte 8

dünn – dick, kalt – warm,
jung – alt, groß – klein,
fröhlich – traurig, leer – voll,
schnell – langsam, nah – weit

zu den Sprachbuchkapiteln 7–9:
Wörter mit v identifizieren; Fragen zum Text beantworten;
Adjektive: Gegensatzpaare verbinden und aufschreiben

Kontrollblätter zu den Jo-Jo Seiten

9. Jo-Jo-Seite

1 Unterstreiche die Wortstämme **Spiel/spiel, Ess/ess, Lauf/lauf** in unterschiedlichen Farben: Spiel/spiel, Ess/ess, Lauf/lauf. — Punkte 20

Spielerin	laufend	essbar	Spielplatz	Esstisch
verlaufen	Würfelspiel	Laufband	Spielzeug	gegessen
Esser	spielerisch	Esslöffel	Läufer	Mittagessen
Ballspiel	Essecke	auslaufen	vorspielen	Wettlauf

2 Schreibe die Wörter von Aufgabe 1 nach Wortfamilien geordnet auf. — Punkte 20

spielen: Spielerin, Spielplatz, Würfelspiel, Spielzeug, spielerisch, Ballspiel, vorspielen

essen: essbar, Esstisch, gegessen, Esser Esslöffel, Mittagessen, Essecke

laufen: laufend, verlaufen, Laufband, Läufer, auslaufen, Wettlauf

3 Schreibe die Nomen zu den Bildern auf. Male die Endung an. — Punkte 5

Kuchen, Igel, Apfel, Leiter, Feuer

zu den Sprachbuchkapiteln 10–12:
Wortstamm identifizieren, Wörter nach Wortfamilien ordnen;
Schwierige Buchstabenverbindungen: Endungen -er, -el, -en

10. Jo-Jo-Seite

1 Lies die Sätze in den Sprechblasen laut. Setze nach jedem Satz das richtige Satzzeichen. — Punkte 6

2 Ordne die Sätze von Aufgabe 1 den richtigen Satzarten zu. — Punkte 6

Aussagesätze:

Ich war gestern im Zoo.

Ich habe ein Bild mitgebracht.

Fragesätze:

Wer will zuerst erzählen?

Hast du die Robben gesehen?

Ausrufesätze:

Hört mal alle zu!

Zeig mal her!

zu den Sprachbuchkapiteln 10–12:
Satzarten unterscheiden und passende Satzschlusszeichen setzen;
Sätze den passenden Satzarten zuordnen

11. Jo-Jo-Seite

1 Verlängere die Wörter. Schreibe die Wortpaare. — Punkte 6

Hand • Dieb • Berg • Freund • Korb • Tag

Hand – Hände, Dieb – Diebe,

Berg – Berge, Freund – Freunde,

Korb – Körbe, Tag – Tage

2 Setze die passenden doppelten Mitlaute ein. — Punkte 12

nn pp ss tt

Mu tt er	Rü ss el	Ka nn e
Se ss el	Bu tt er	Schü ss el
Tre pp e	Su pp e	We tt er
Li pp e	Ki ss en	So nn e

3 Schreibe die Wörter von Aufgabe 2 nach doppelten Mitlauten geordnet auf. — Punkte 12

tt: Mutter, Butter, Wetter

ss: Rüssel, Sessel, Schüssel, Kissen

nn: Kanne, Sonne

pp: Treppe, Suppe, Lippe

zu den Sprachbuchkapiteln 10–12:
Wörter mit Auslautverhärtung verlängern und Wortpaare aufschreiben;
doppelte Mitlaute einsetzen und Wörter danach ordnen

12. Jo-Jo-Seite

1 Lies den Text aufmerksam. Kreuze bei jeder Frage die richtige Antwort an. — Punkte 3

Paul sitzt traurig auf dem Bett.
Er streichelt seine braune Katze Minka.
Vater trägt den großen, blauen Koffer zum Auto.
Pauls Schwester Lisa packt Brote in einen Korb.
„Nun schau nicht so traurig, Paul", tröstet ihn Mama.
„Minka ist doch gut versorgt." Und Lisa meint:
„Außerdem brauchen Katzen keinen Urlaub."
Alle steigen in das große, rote Auto und fahren los.
Nach einer Weile raschelt es im Kofferraum.
Vater bremst und alle drehen sich erstaunt um.
Da sehen sie Minka im Kofferraum herumklettern.
Paul freut sich: „Katzen brauchen doch Urlaub."

Wie heißt Pauls Katze?	Wer ist Lisa?	Wo taucht Minka am Ende der Geschichte auf?
Lisa	Pauls Mutter	im Garten
Minka X	Pauls Schwester X	Im Esskorb
Hasso	Pauls Cousine	Im Kofferraum X

2 Lies genau im Text nach. Male in den richtigen Farben an. — Punkte 3

zu allen Sprachbuchkapiteln:
sinnerfassendes Lesen; Fragen zu einem Text beantworten;
Bilder nach Textinformationen ausmalen